AF495717

V

le texte est en 2 vol. 8°

R 171343

36177

COURS MÉTHODIQUE

DU DESSIN ET DE LA PEINTURE.

Le COURS MÉTHODIQUE DU DESSIN ET DE LA PEINTURE se trouve aussi *chez l'Auteur, rue de l'Ecluse, n° 27, à Batignolles* (extra muros).

Les exemplaires voulus par la loi ayant été déposés à la Direction de l'Imprimerie, ceux non revêtus de la signature de l'Auteur seront réputés contrefaits, et tout contrefacteur ou débitant de contrefaçons de cet ouvrage sera poursuivi suivant la rigueur des lois.

L. Delaistre

IMPRIMERIE DE HENNUYER ET TURPIN, RUE LEMERCIER, 24.
Batignolles-Monceaux.

COURS MÉTHODIQUE
DU DESSIN ET DE LA PEINTURE

CONTENANT

LES ÉLÉMENTS DE LA GÉOMÉTRIE, DE L'ARCHITECTURE CIVILE, MILITAIRE ET NAVALE;
LA PERSPECTIVE LINÉAIRE ET AÉRIENNE; L'ANATOMIE ET LES PROPORTIONS DU CORPS HUMAIN; L'EXPRESSION DES PASSIONS;
DES PRÉCEPTES SUR LE PORTRAIT, LE PAYSAGE ET LES FLEURS; L'ANATOMIE VETÉRINAIRE;
LA COMPOSITION DU SUJET, ET LA CHIMIE DES COULEURS;

PRÉCÉDÉ

D'UNE NOTICE HISTORIQUE SUR L'ART ET LES ARTISTES;

et d'un Discours sur l'Enseignement artistique;

PAR LOUIS DELAISTRE,

MEMBRE DE LA SOCIÉTÉ LIBRE DES BEAUX-ARTS.

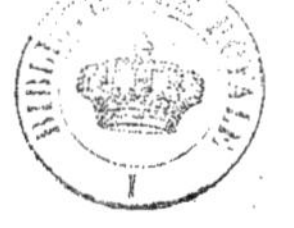

Atlas,

composé de 34 planches dessinées par l'auteur et gravées par lui ou sous sa direction.

PARIS,

CARILIAN-GOEURY ET Vve DALMONT,

LIBRAIRES DES CORPS ROYAUX DES PONTS ET CHAUSSÉES ET DES MINES,

QUAI DES AUGUSTINS, 39.

M DCCC XLII.

1ère PARTIE.
GÉOMÉTRIE.
Pl. 1ère
Fig. 1.
Fig. 2.
Fig. 3.
Fig. 4.
Fig. 5.
Fig. 6.
Fig. 7.
Fig. 8.
Fig. 9.
Fig. 10.
Fig. 11.
Fig. 12.
Fig. 13.
Fig. 14.
Fig. 15.
Fig. 16.
Fig. 17.
Fig. 18.
Fig. 19.
Fig. 20.
Fig. 21.
Fig. 22.
Fig. 23
Fig. 24.
Fig. 29.
Fig. 28.
Fig. 30.
Fig. 25.
Fig. 26.
Fig. 27.
Fig. 33.
Fig. 31.
Fig. 32.
Adam & Lemaitre sculp.

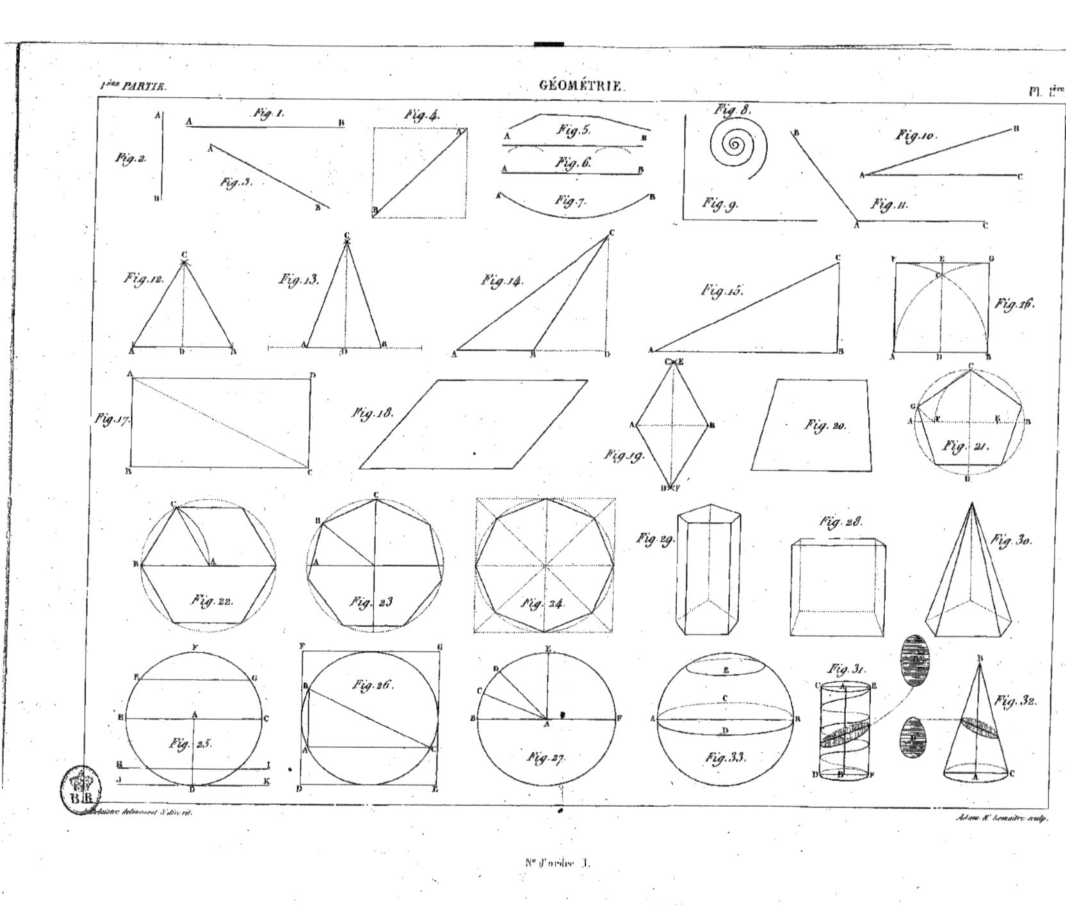

BR

N° d'ordre 1.

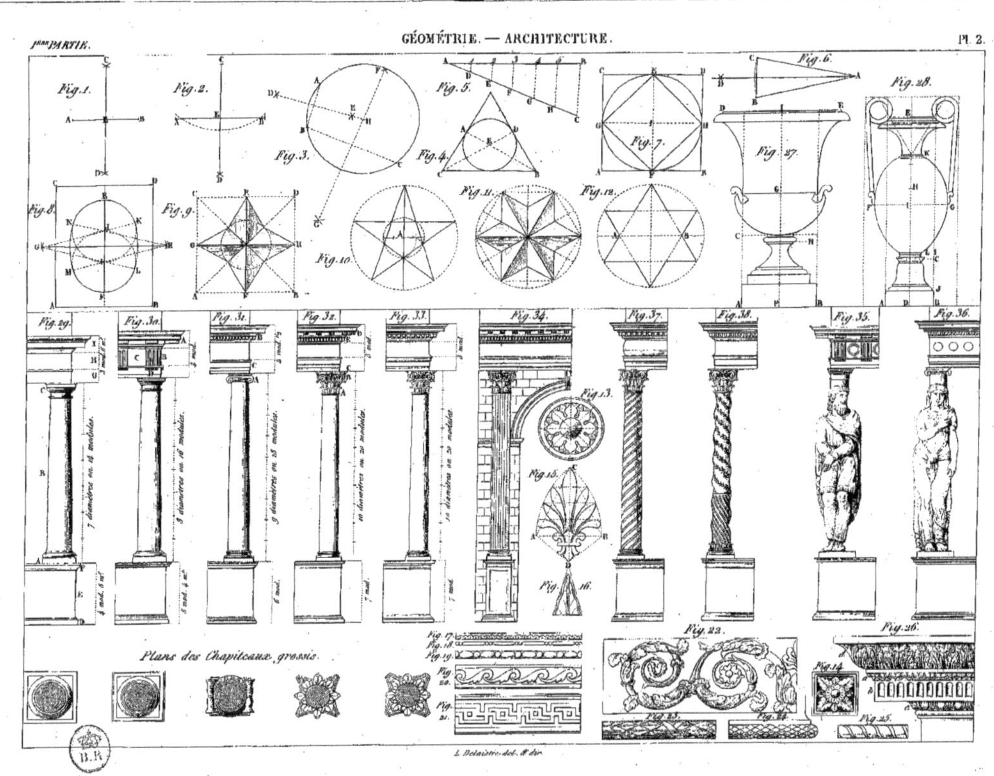

B.R.

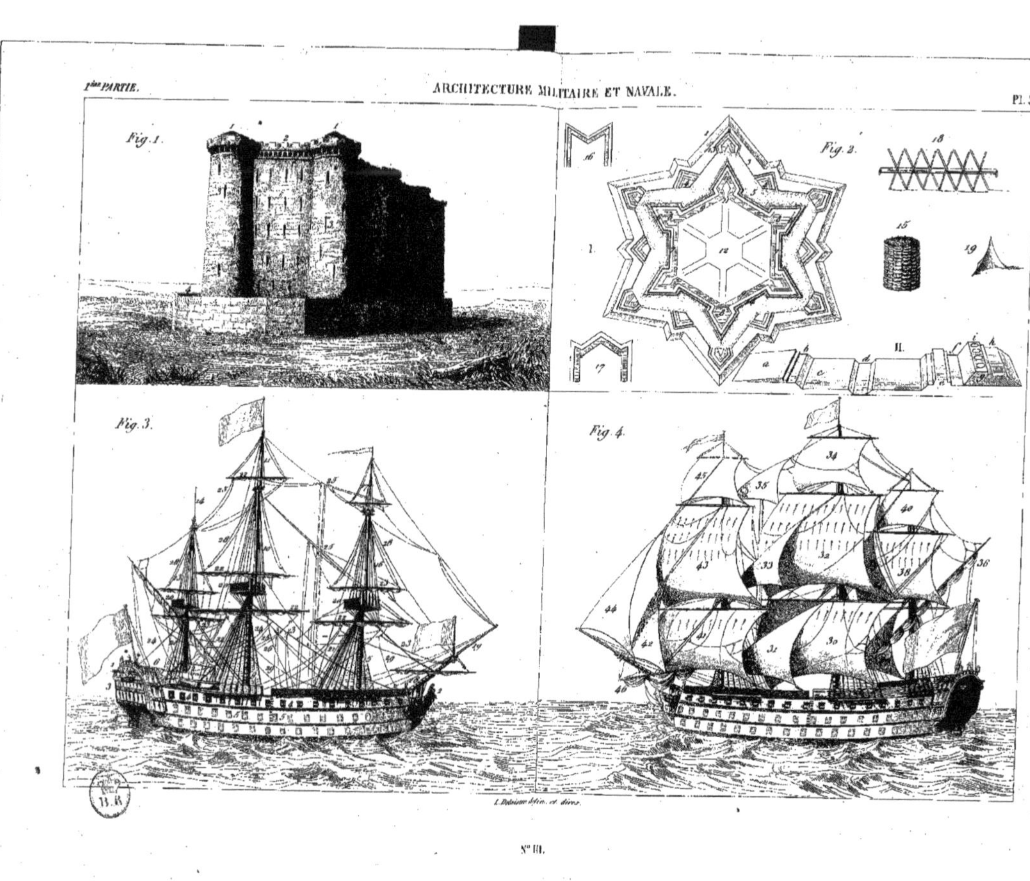

L. Robinson dess. et direx.

B.N.

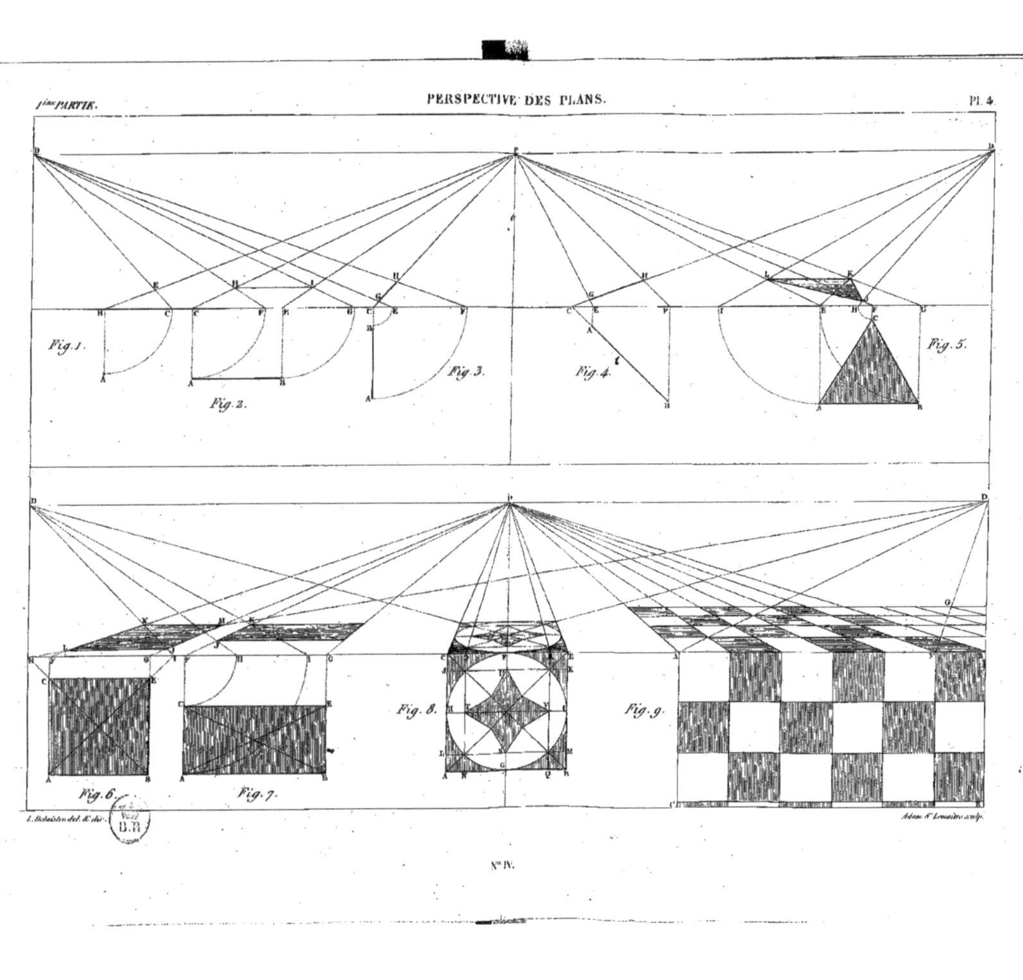
1ère PARTIE.
PERSPECTIVE DES PLANS.
Pl. 4.
Fig. 1.
Fig. 2.
Fig. 3.
Fig. 4.
Fig. 5.
Fig. 6.
Fig. 7.
Fig. 8.
Fig. 9.
N° IV.

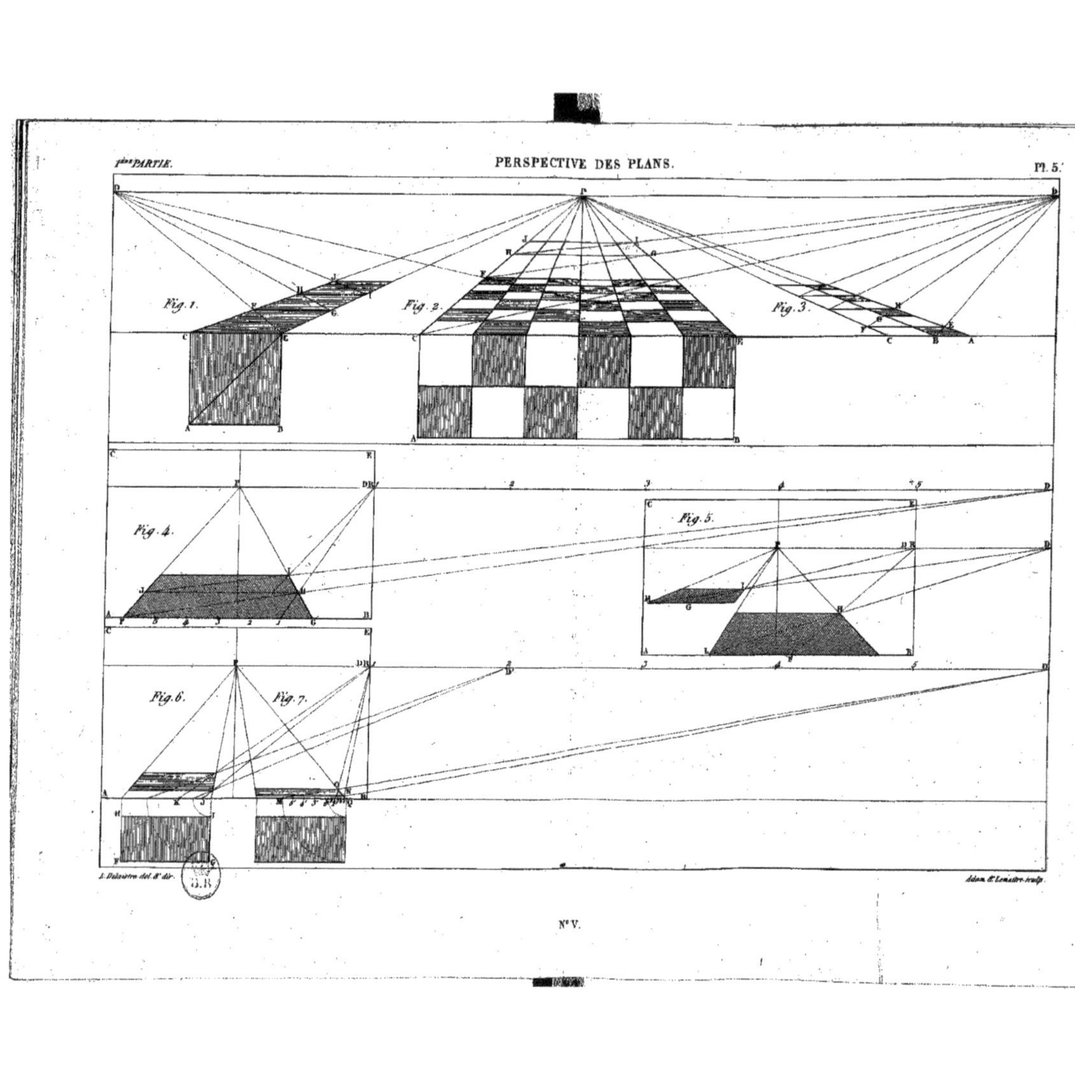

A. Delaistre del. & dir.

Adam & Lemaitre sculp.

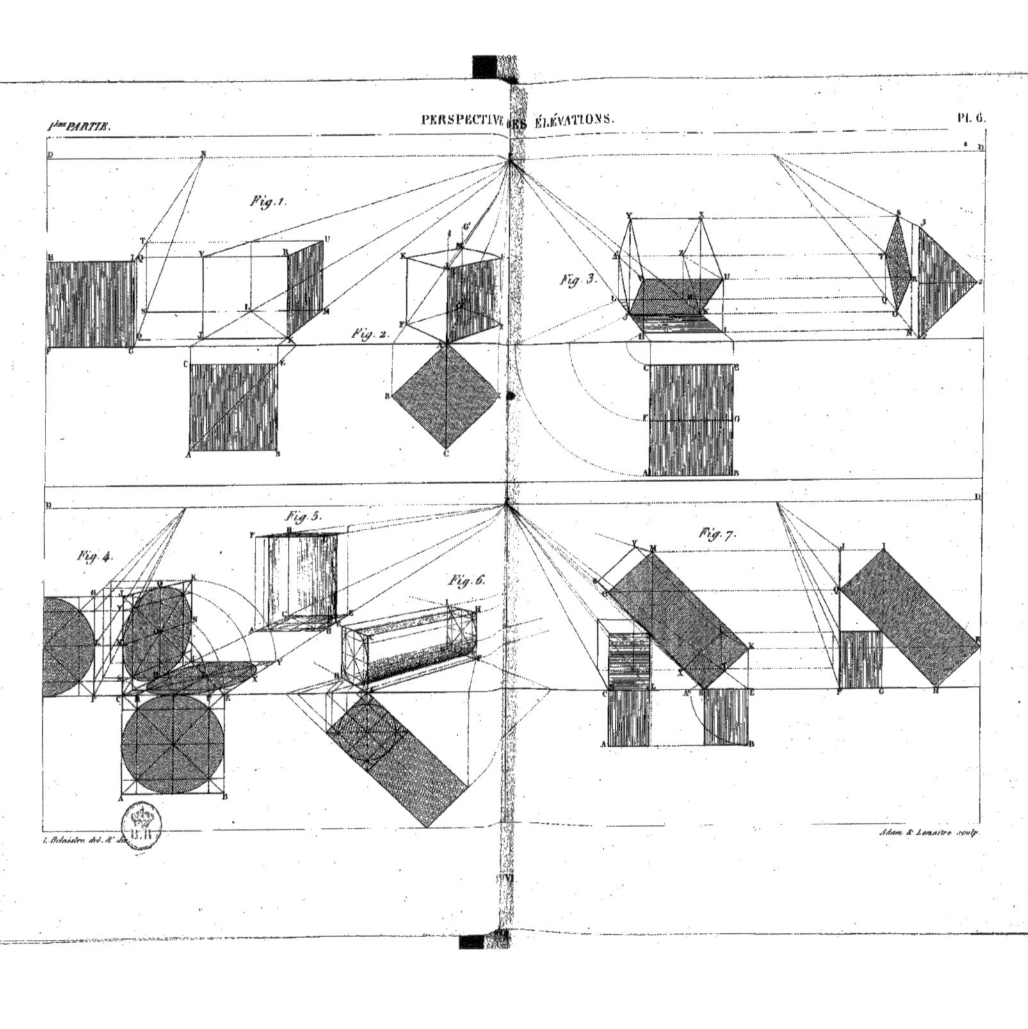
1ère PARTIE.
PERSPECTIVE DES ÉLÉVATIONS.
Pl. 6.
Fig. 1.
Fig. 2.
Fig. 3.
Fig. 4.
Fig. 5.
Fig. 6.
Fig. 7.
Adam & Lemaitre sculp.

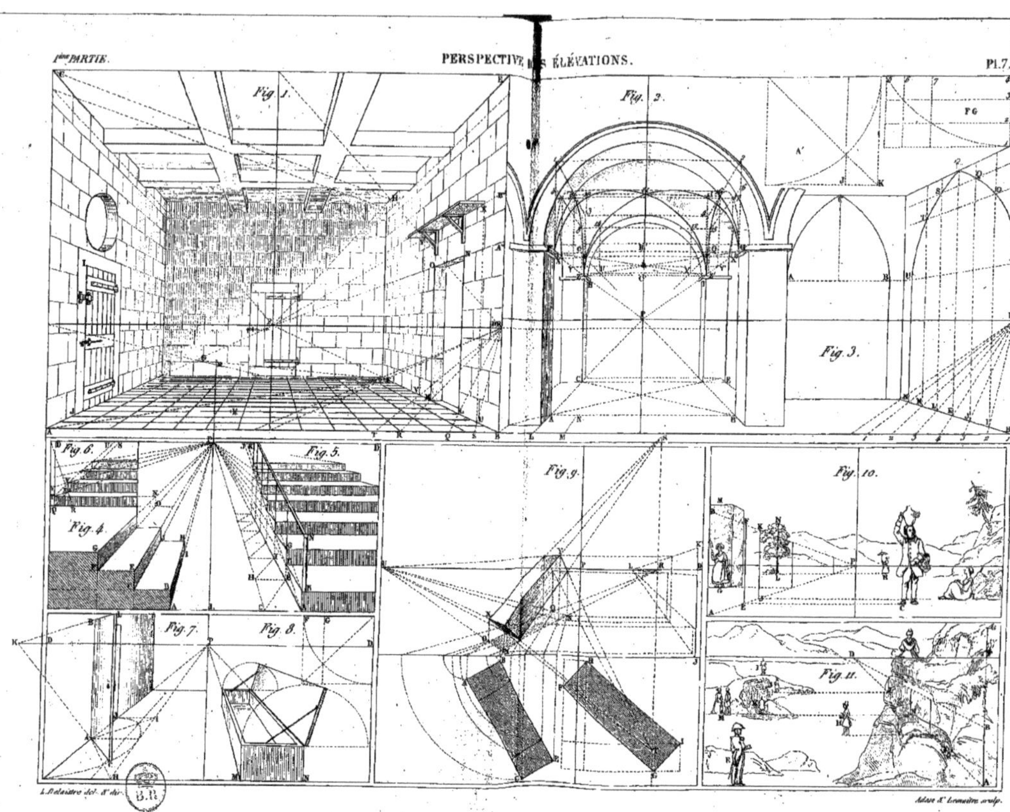

L. Delaistre del. & dir. Adam & Lemaître sculp.

B.R.

Fig. 1.
Fig. 2.
Fig. 3.
Fig. 4.
Fig. 5.
Fig. 6.
Fig. 7.
Fig. 8.
Fig. 9.
Fig. 10.
Fig. 11.
Adam & Lemaitre sculp.

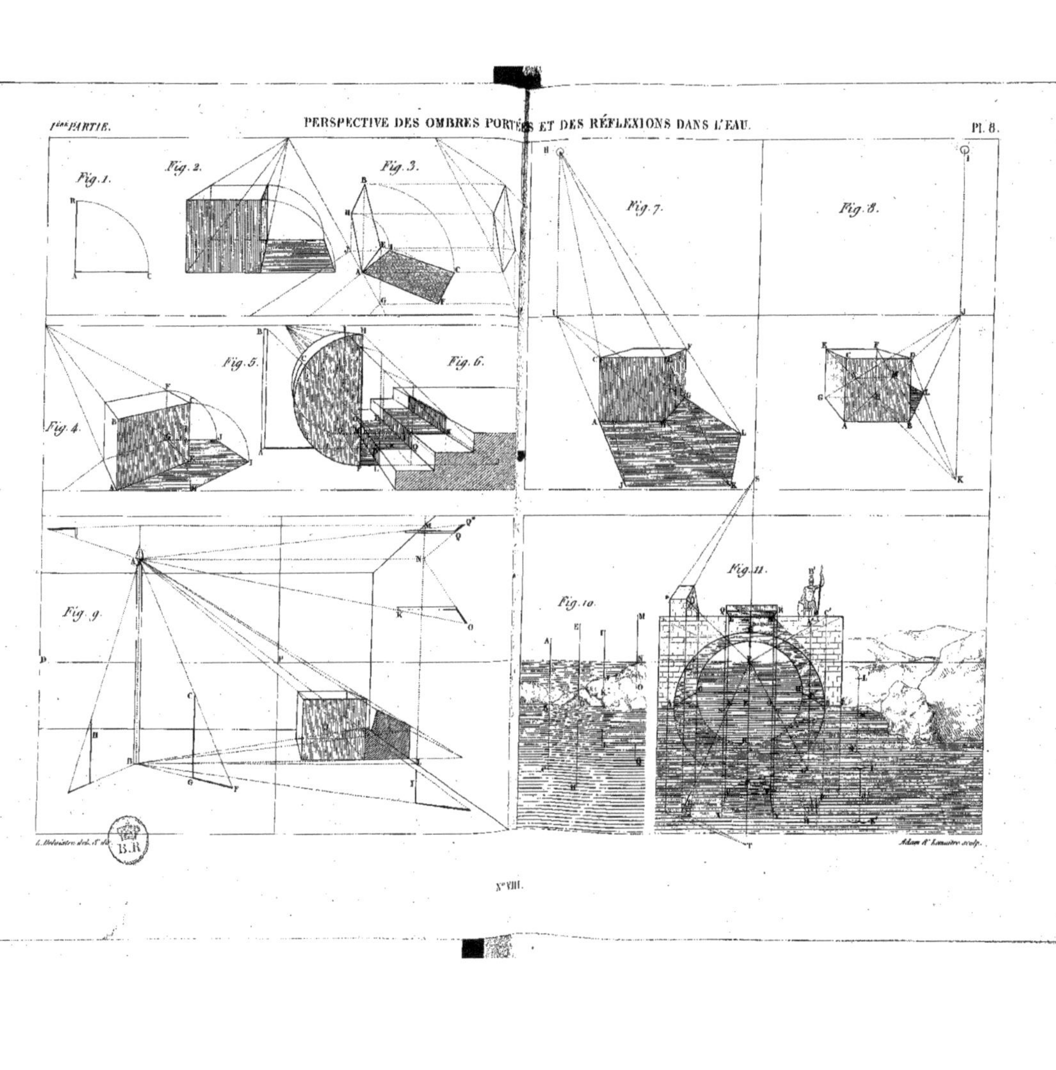

B.R

Reliure serrée

Fig. 1.
Fig. 3.
Fig. 5.
Dos.
Fig. 6.
Fig. 7.
Fig. 8.
Paume.
Fig. 9.
Fig. 10.
Dos.
Fig. 13.
Plante.
Fig. 11.

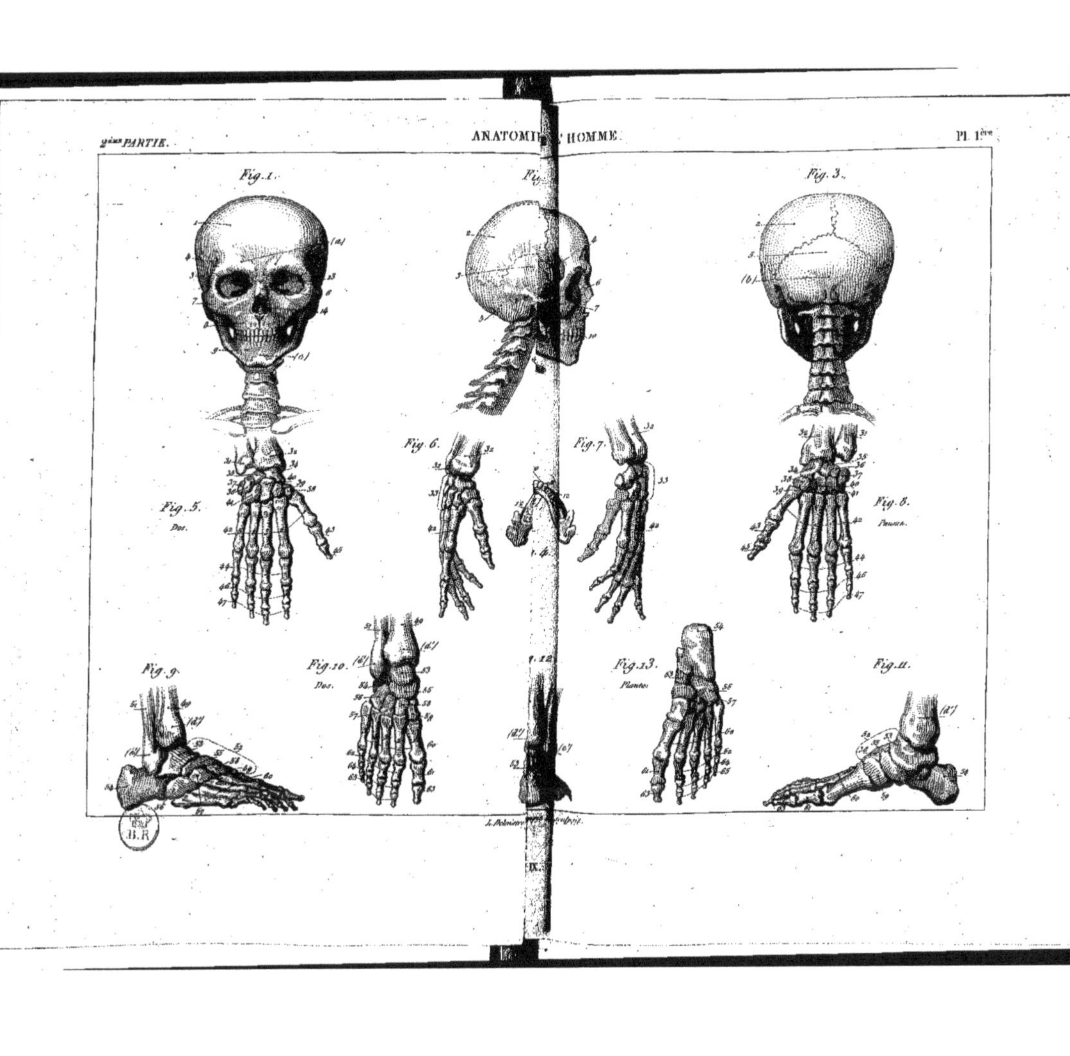

B.R

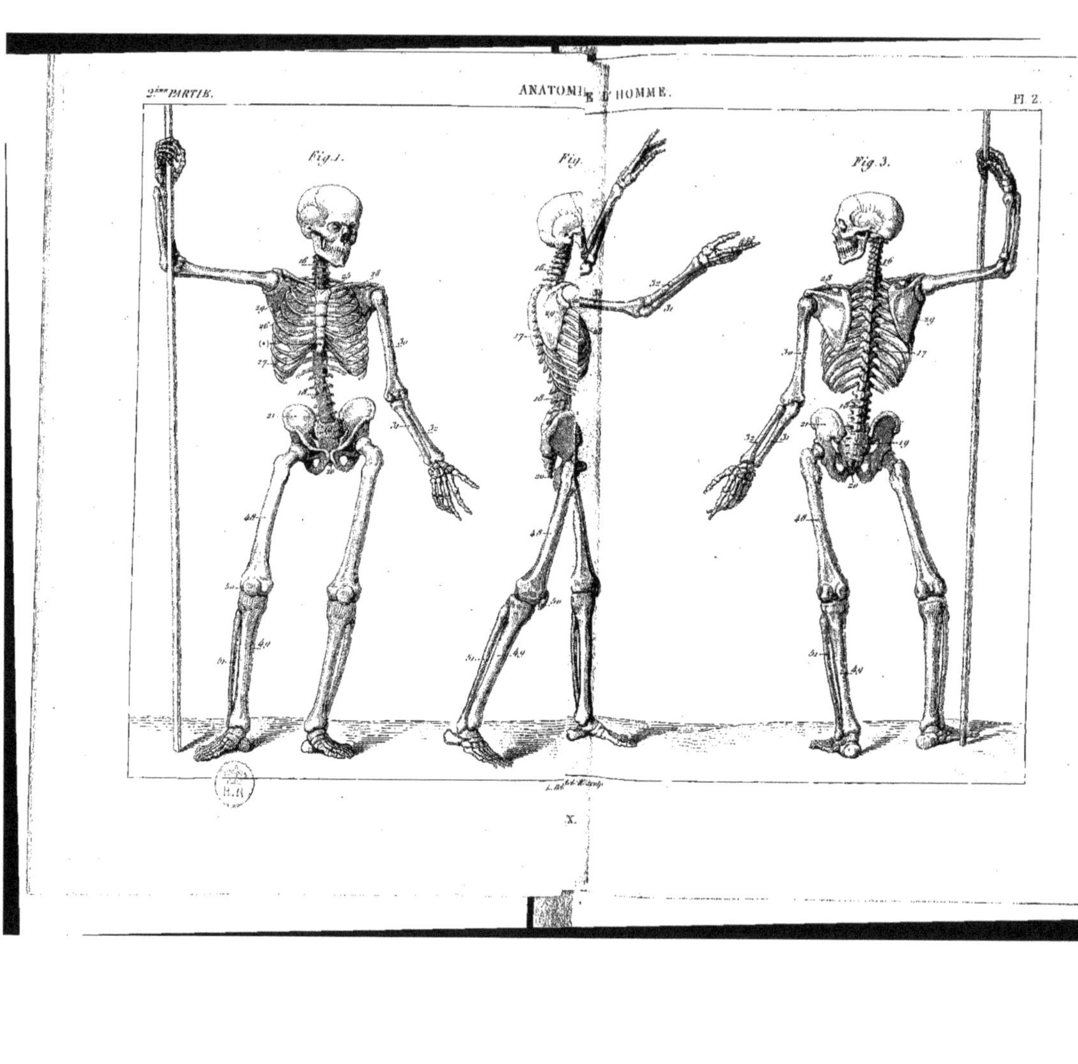
Fig. 1.
Fig.
Fig. 3.

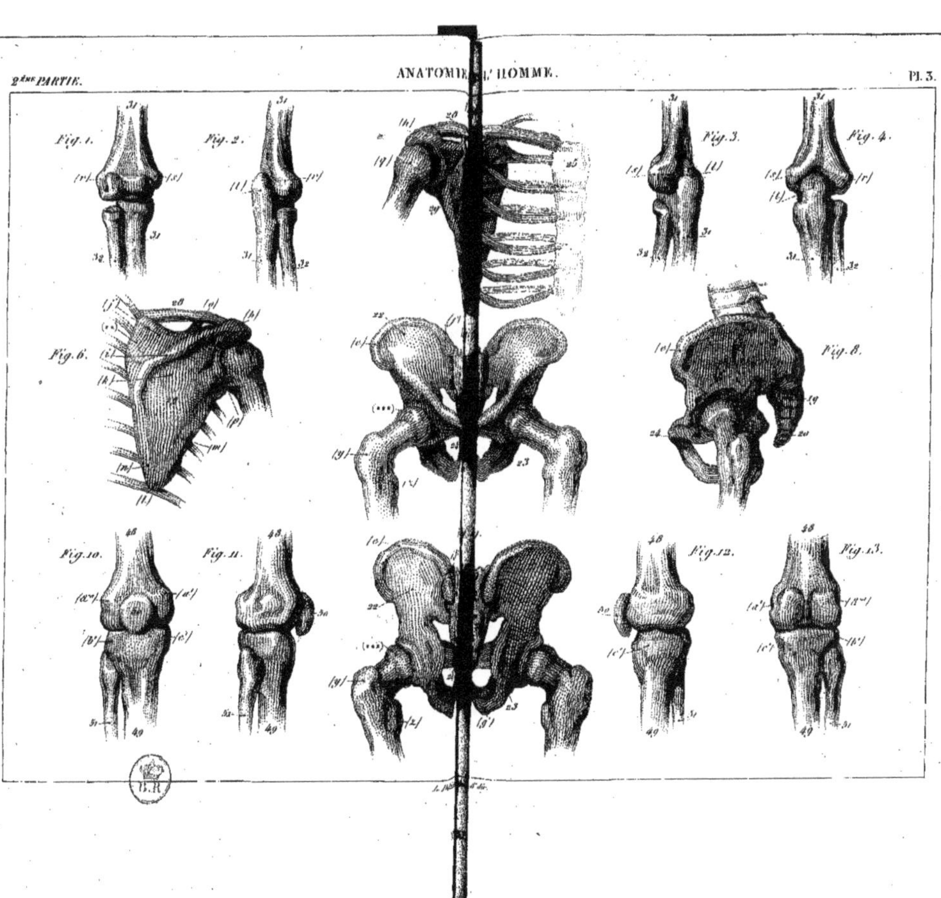
Fig. 1.
Fig. 2.
Fig. 3.
Fig. 4.
Fig. 6.
Fig. 8.
Fig. 10.
Fig. 11.
Fig. 12.
Fig. 13.

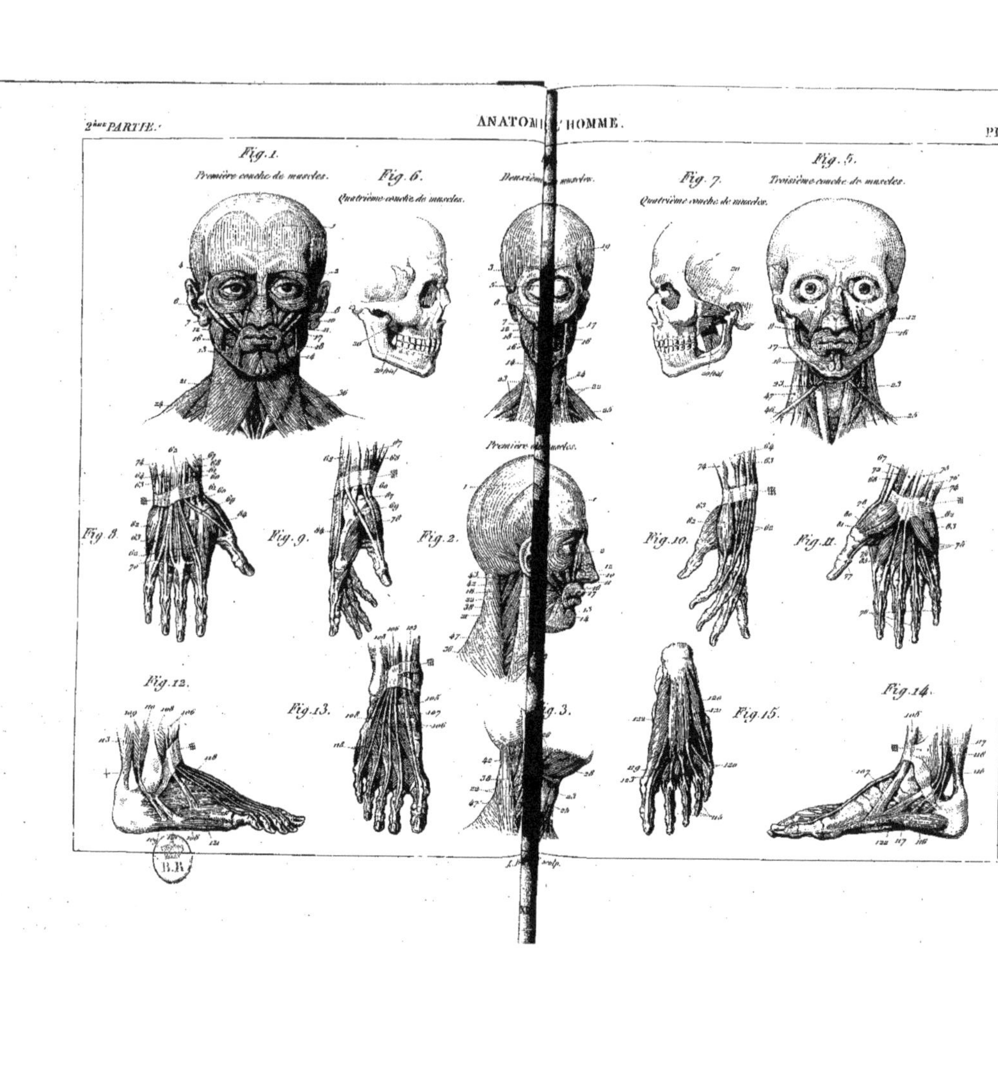
2ème PARTIE.
ANATOMI HOMME.
Pl. 4.
Fig. 1.
Première couche de muscles.
Fig. 6.
Quatrième couche de muscles.
Deuxième muscles.
Fig. 7.
Quatrième couche de muscles.
Fig. 5.
Troisième couche de muscles.
Première muscles.
Fig. 8.
Fig. 9.
Fig. 2.
Fig. 10.
Fig. 11.
Fig. 12.
Fig. 13.
g. 3.
Fig. 15.
Fig. 14.

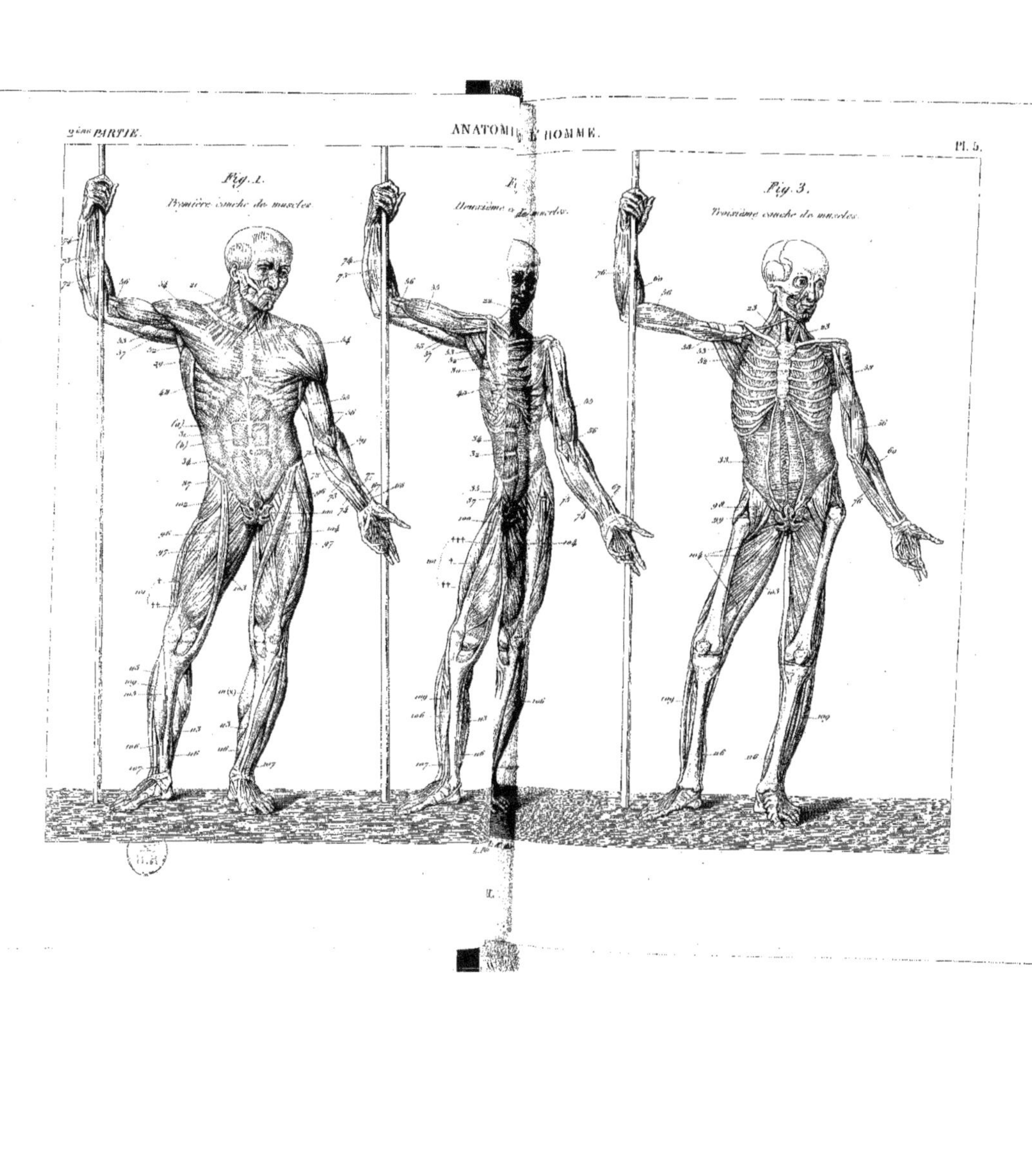
Fig. 1.
Première couche de muscles.
Deuxième couche de muscles.
Fig. 3.
Troisième couche de muscles.

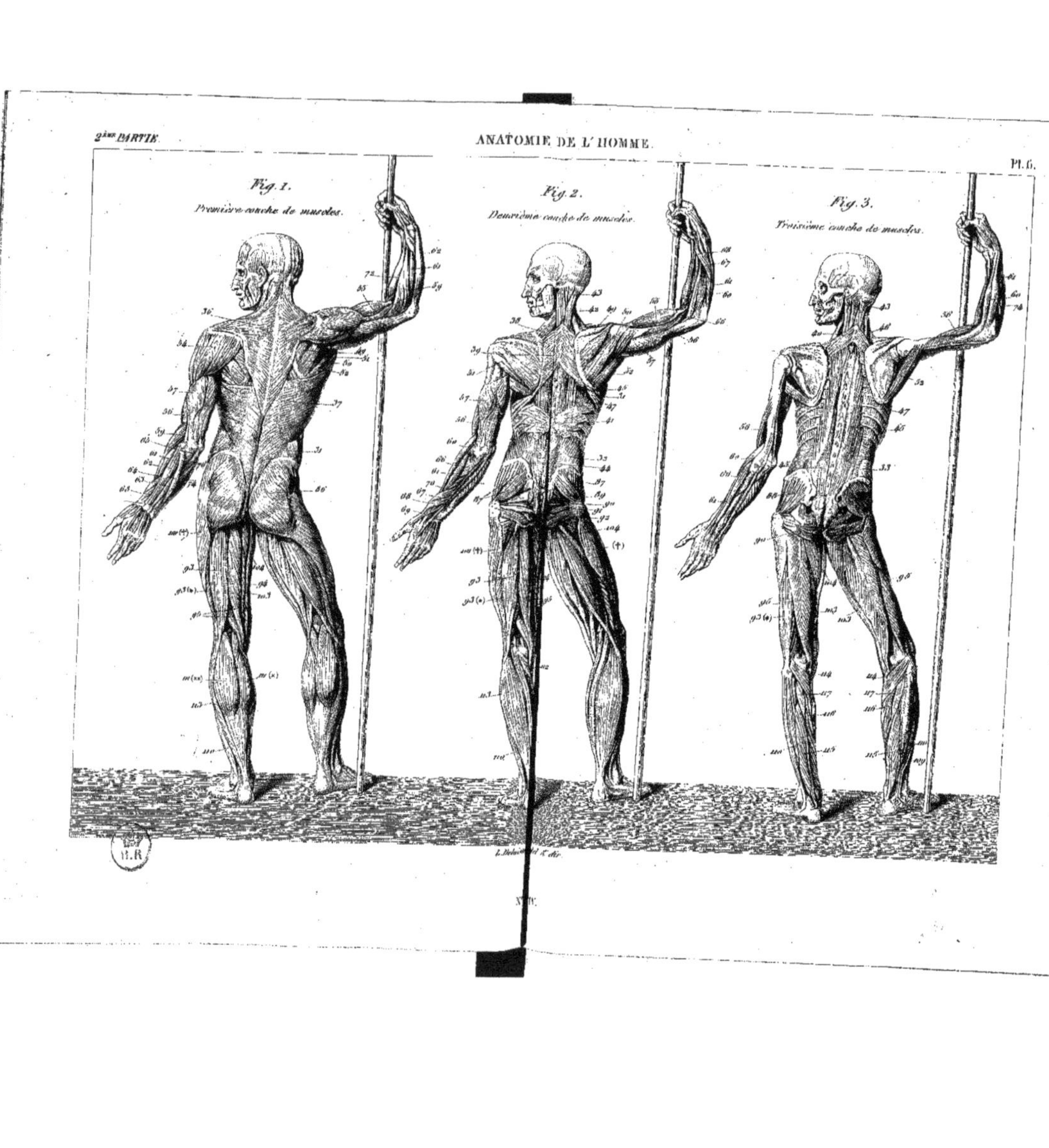
2ème PARTIE.
ANATOMIE DE L'HOMME.
Pl. 6.
Fig. 1.
Première couche de muscles.
Fig. 2.
Deuxième couche de muscles.
Fig. 3.
Troisième couche de muscles.

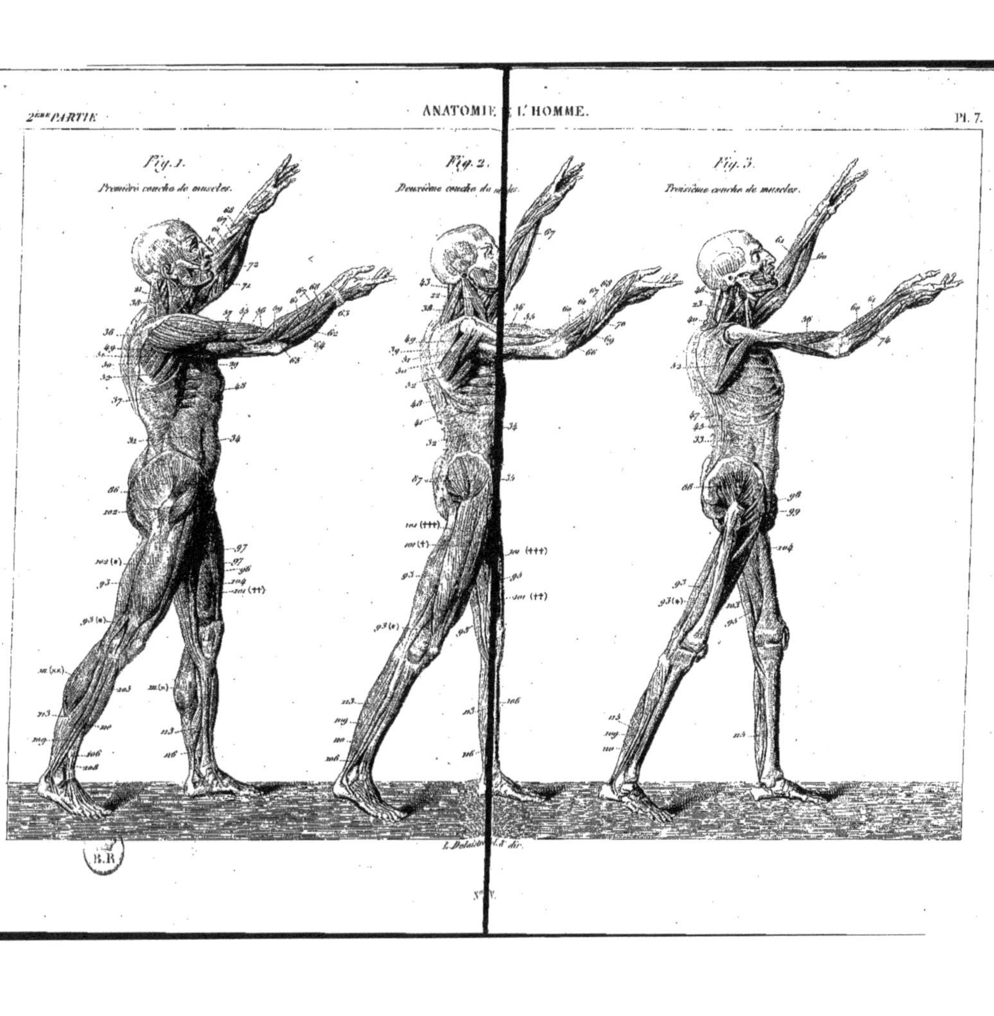
2ème PARTIE
ANATOMIE DE L'HOMME.
Pl. 7.
Fig. 1.
Première couche de muscles.
Fig. 2.
Deuxième couche de muscles.
Fig. 3.
Troisième couche de muscles.

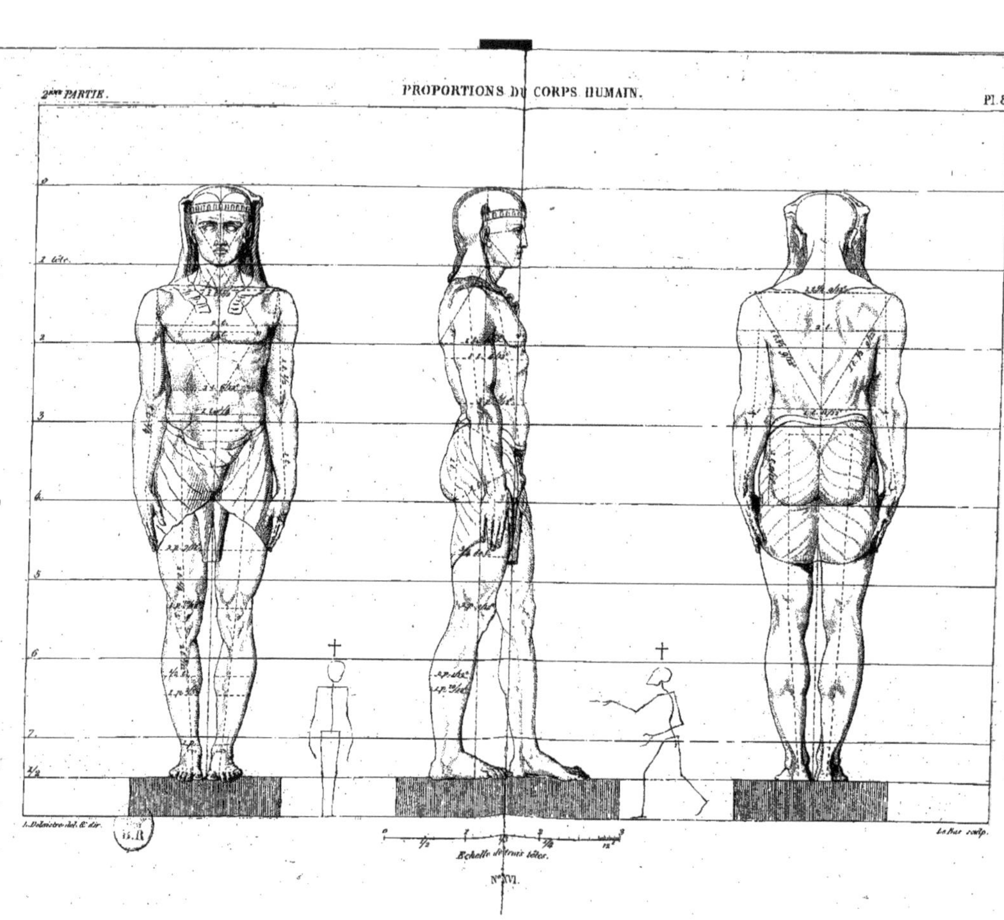

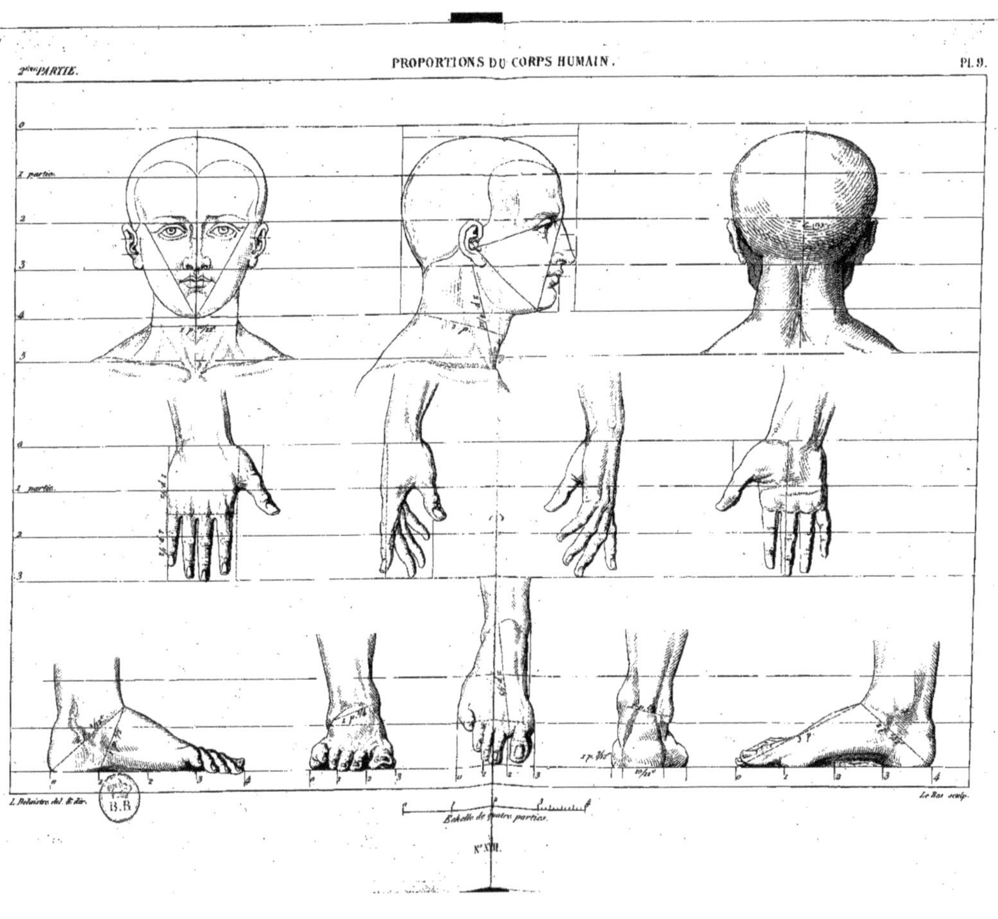
2ème PARTIE.
PROPORTIONS DU CORPS HUMAIN.
Pl. 9.
1 partie.
1 partie.
L. Delaistre del. & dir.
Le Bas sculp.
Echelle de quatre parties.
N° XIII.

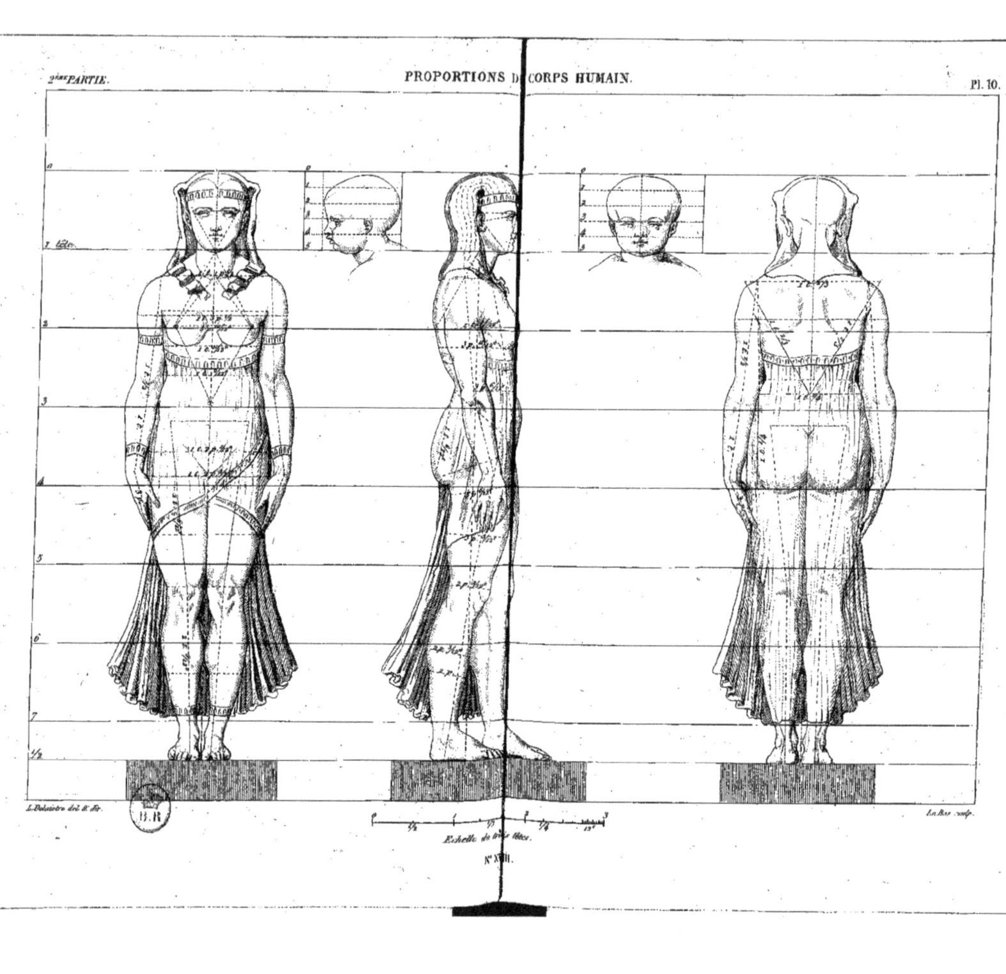
2ème PARTIE.
PROPORTIONS DU CORPS HUMAIN.
Pl. 10.
L. Delaistre del. & dir.
Le Bas sculp.
Echelle de trois têtes.
N° XVIII.

2ème PARTIE.
EXPRESSION DES PASSIONS. — PREMIÈRE SÉRIE.
Pl. II.
Fig. 1.
Fig. 2.
Fig. 3.
L'Admiration.
La Vénération.
La Contemplation.
Fig. 4.
Fig. 5.
Fig. 6.
La Joie.
Le Rire.
L'Espérance.
L. Delaistre del. & dir.
J. N. Adam sculp.
N° XIX.
B.R

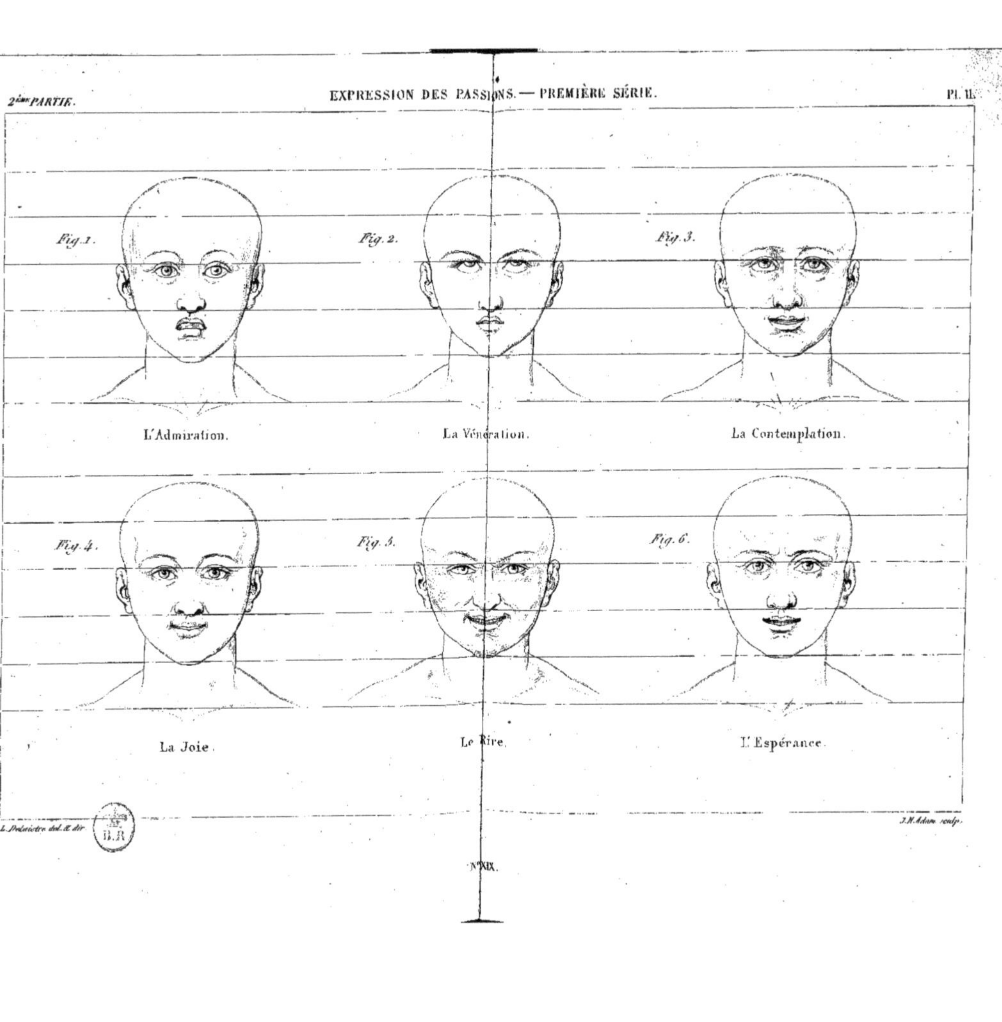

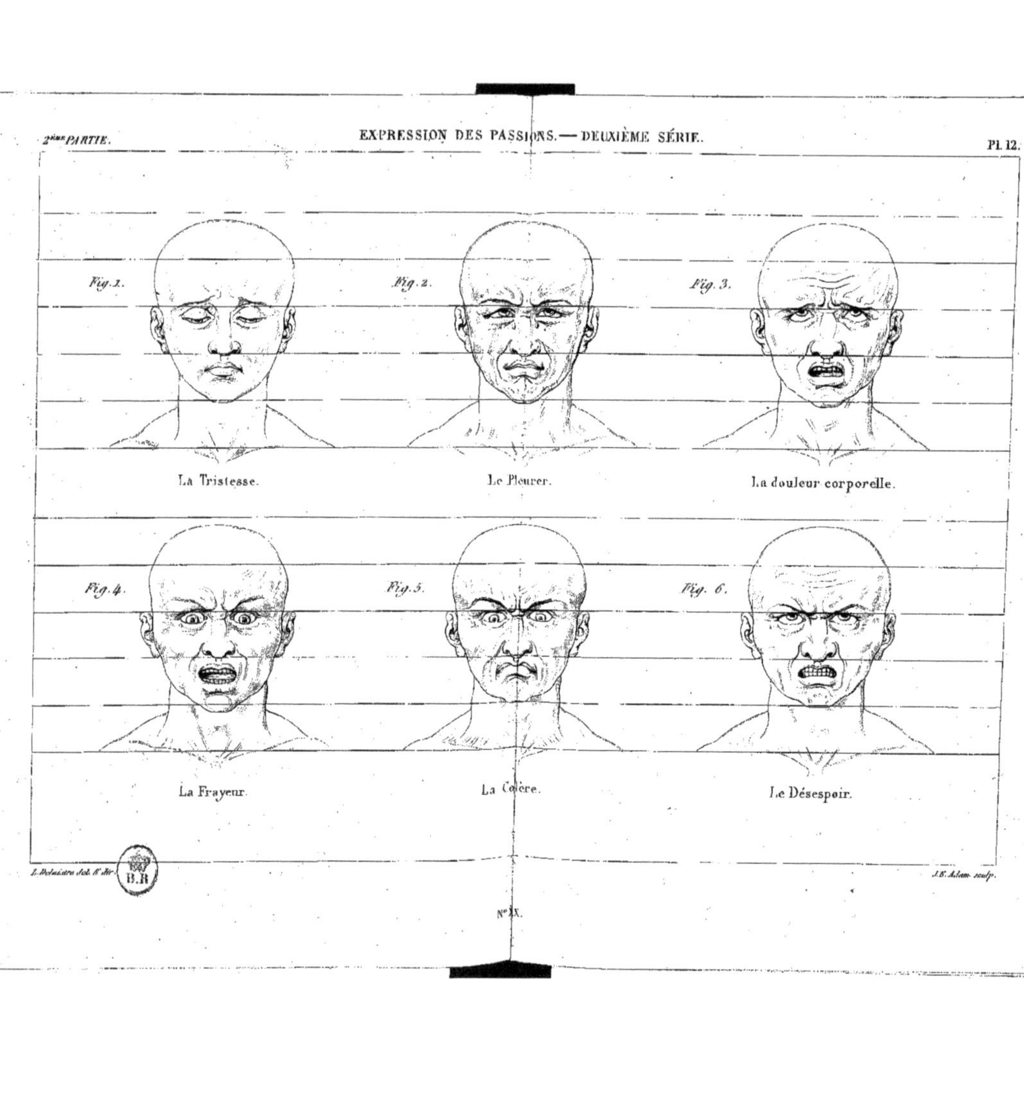
2ème PARTIE.
EXPRESSION DES PASSIONS. — DEUXIÈME SÉRIE.
Pl. 12.
Fig. 1.
Fig. 2.
Fig. 3.
La Tristesse.
Le Pleurer.
La douleur corporelle.
Fig. 4.
Fig. 5.
Fig. 6.
La Frayeur.
La Colère.
Le Désespoir.
L. Delaistre del. & dir.
J. E. Adam sculp.
B.R
N° IX.

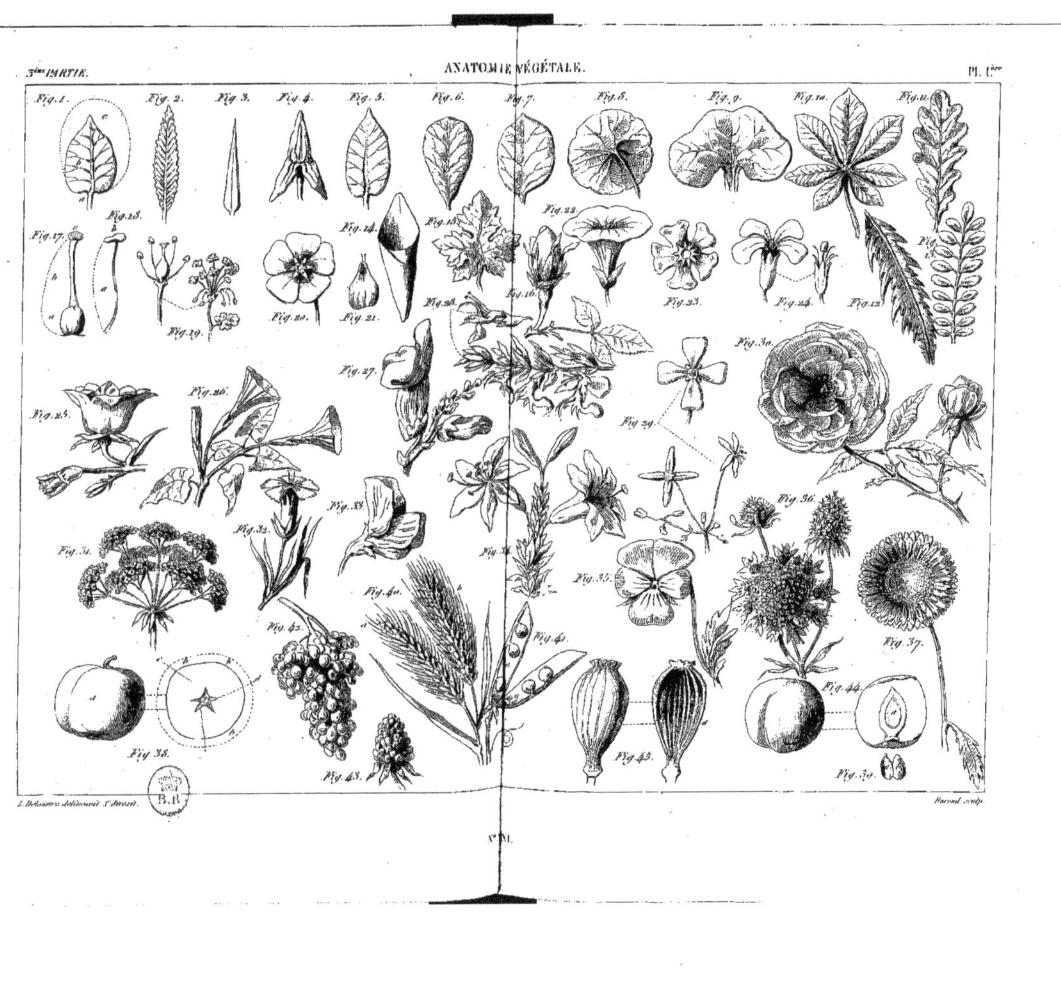
3ème PARTIE.
ANATOMIE VÉGÉTALE.
Pl. 1ère
Fig. 1.
Fig. 2.
Fig. 3.
Fig. 4.
Fig. 5.
Fig. 6.
Fig. 7.
Fig. 8.
Fig. 9.
Fig. 10.
Fig. 11.
Fig. 12.
Fig. 14.
Fig. 15.
Fig. 16.
Fig. 17.
Fig. 18.
Fig. 19.
Fig. 20.
Fig. 21.
Fig. 22.
Fig. 23.
Fig. 24.
Fig. 25.
Fig. 26.
Fig. 27.
Fig. 28.
Fig. 29.
Fig. 30.
Fig. 31.
Fig. 32.
Fig. 33.
Fig. 34.
Fig. 35.
Fig. 36.
Fig. 37.
Fig. 38.
Fig. 39.
Fig. 40.
Fig. 41.
Fig. 42.
Fig. 43.
Fig. 44.
Fig. 45.
B.R.
N° 11.

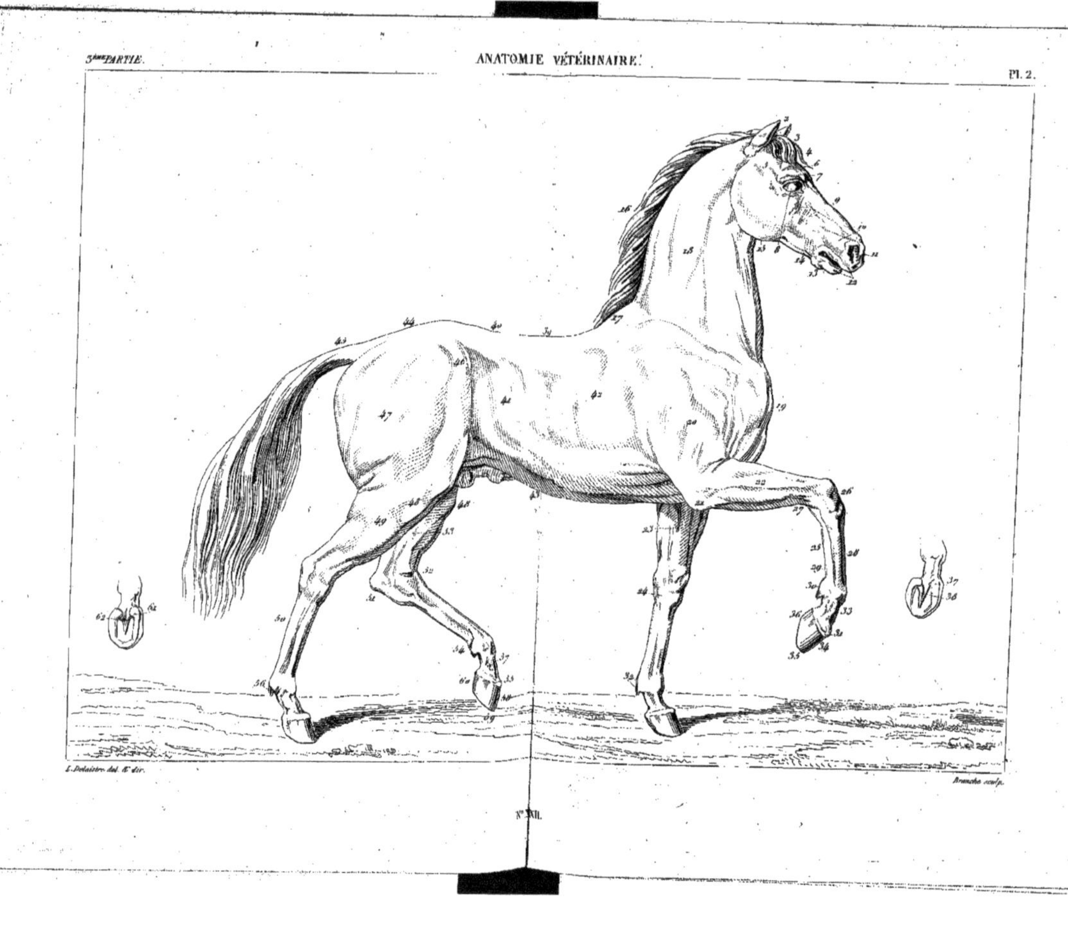
3ème PARTIE.
ANATOMIE VÉTÉRINAIRE.
Pl. 2.
N° XII.

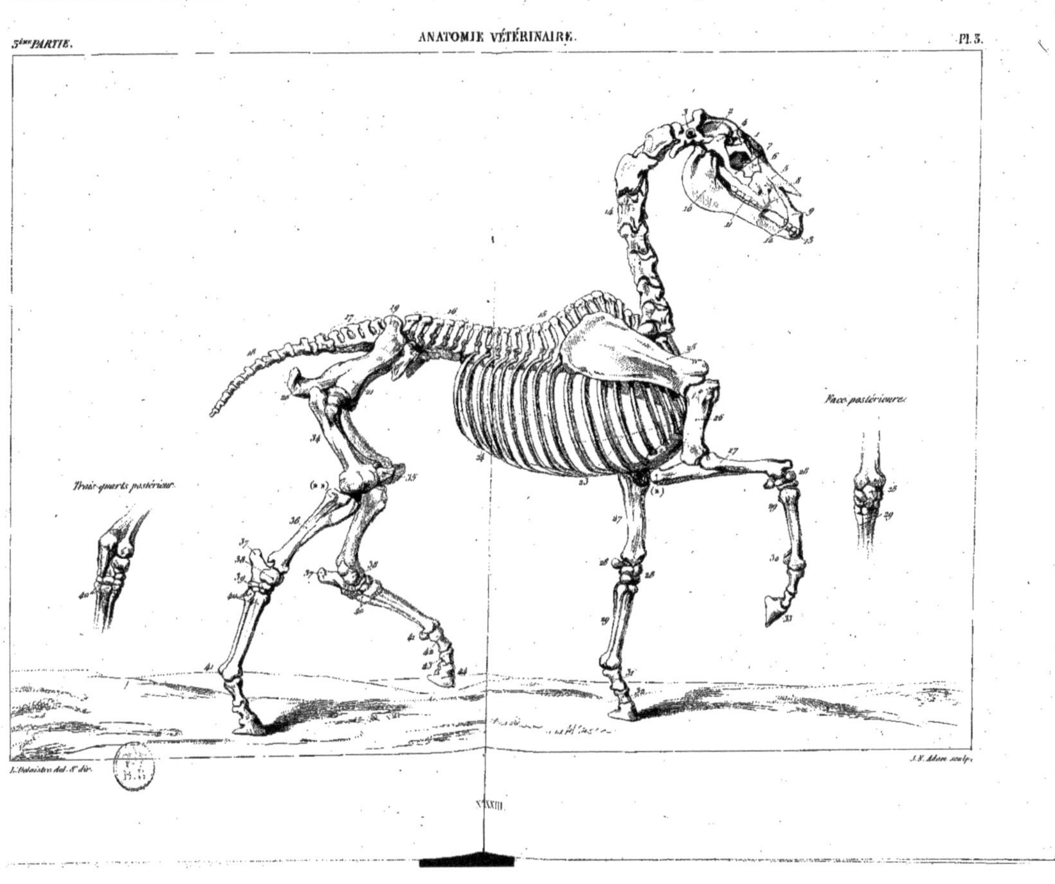
Trois-quarts postérieur.
Face postérieure.
L. Delaisire del. & dir.
J. V. Adam sculp.

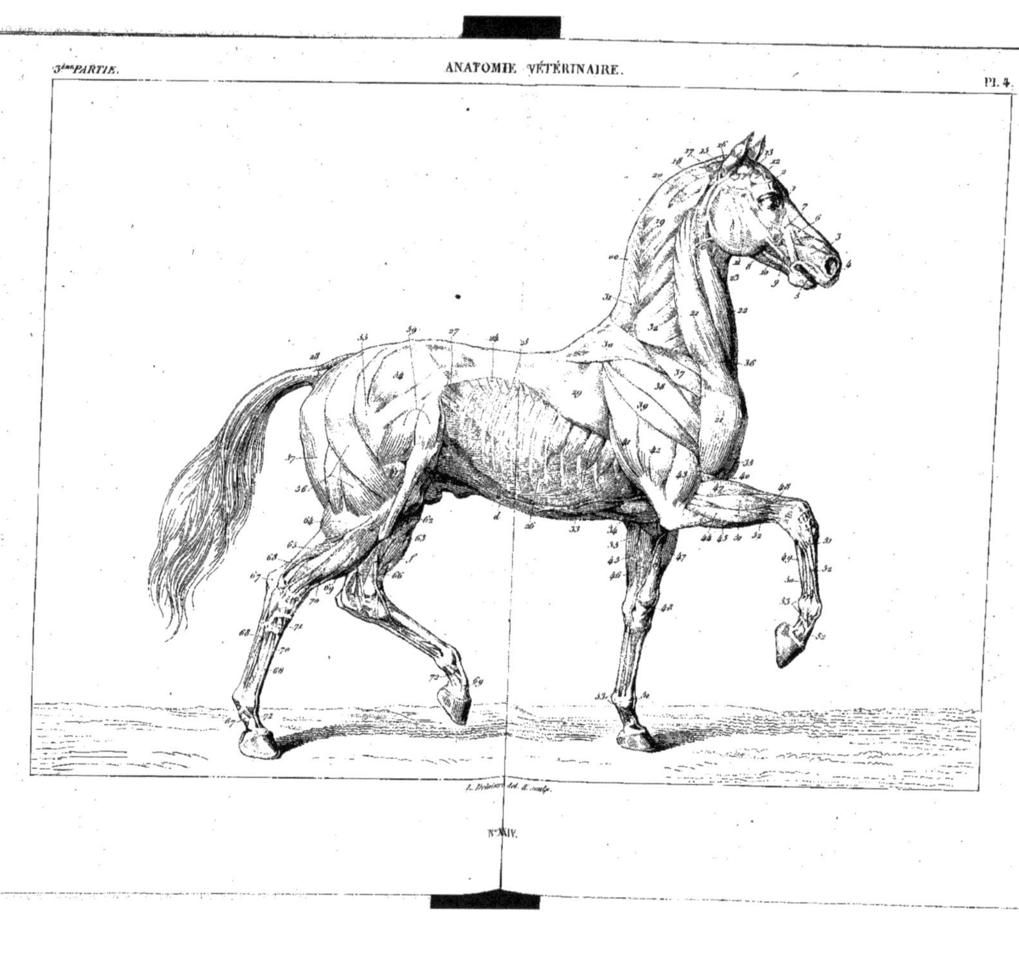
3ème PARTIE.
ANATOMIE VÉTÉRINAIRE.
Pl. 4.
N° XIV.

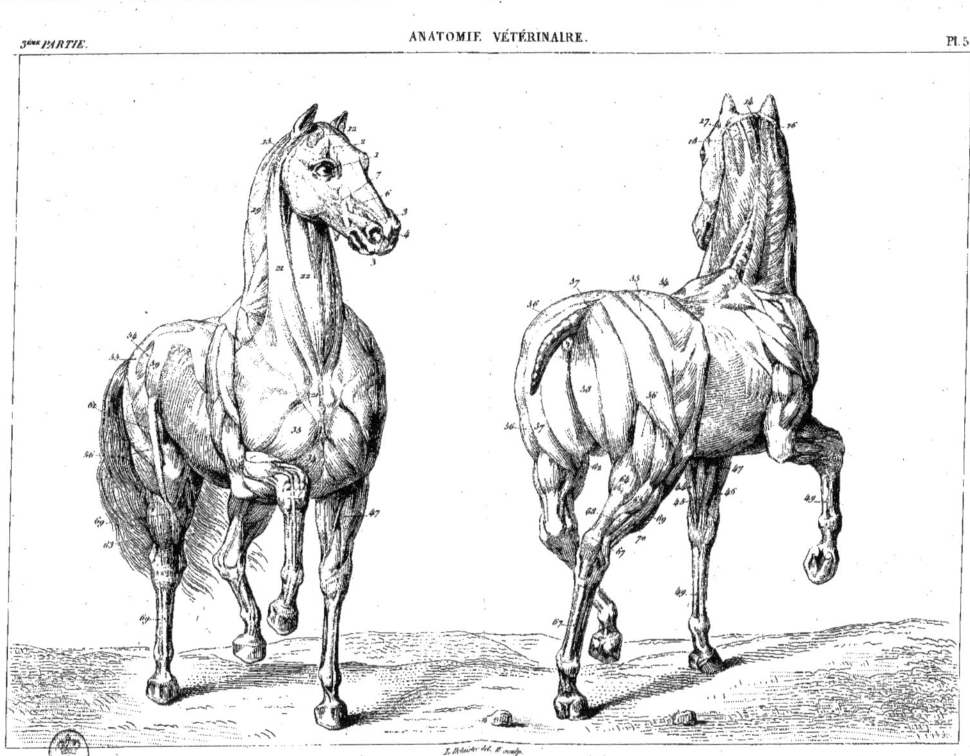

N° XXV.

B.R

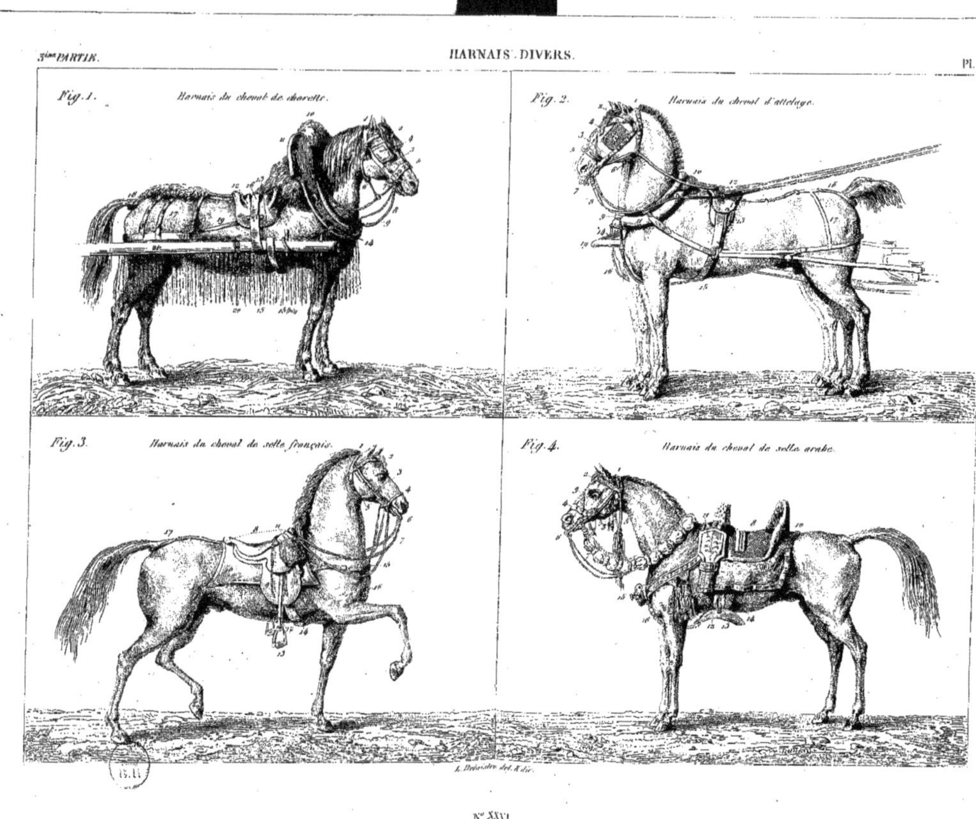

A. Delaistre del. & dir.

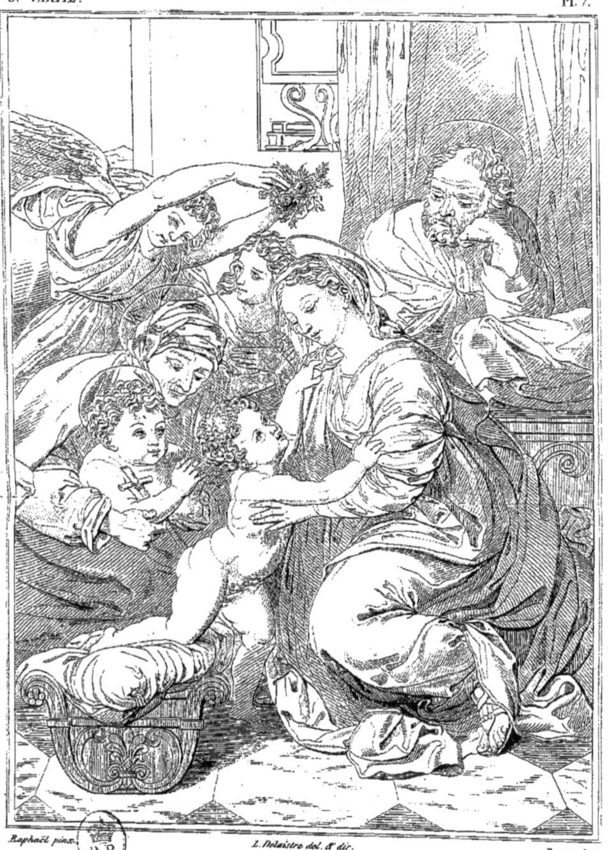

Raphaël pinx. L. Delaistre del. & dir. Poronard sc.

B.R

La Ste Famille de J. C.

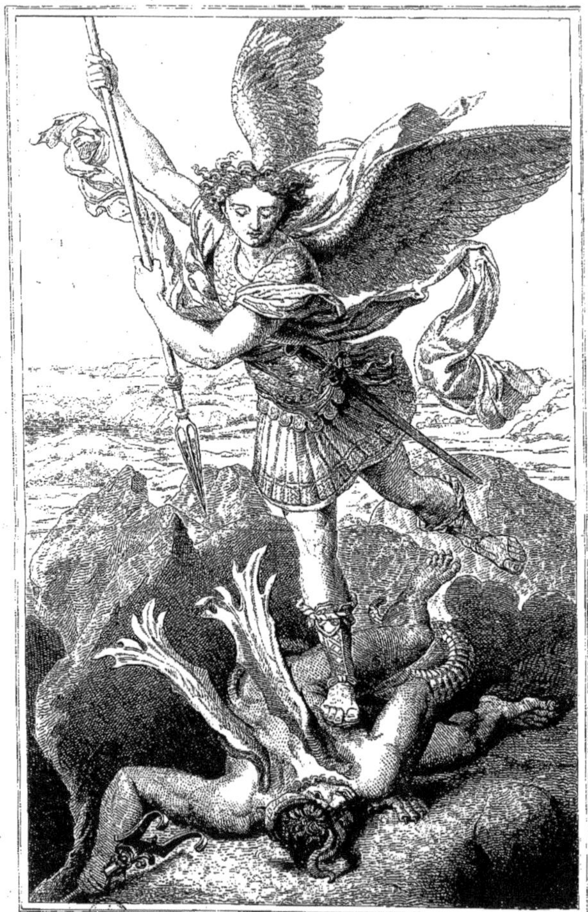

Raphaël pinx. L. Delaistre del. & dir. Péronard sculp.

B.R

St Michel terrassant le Démon.

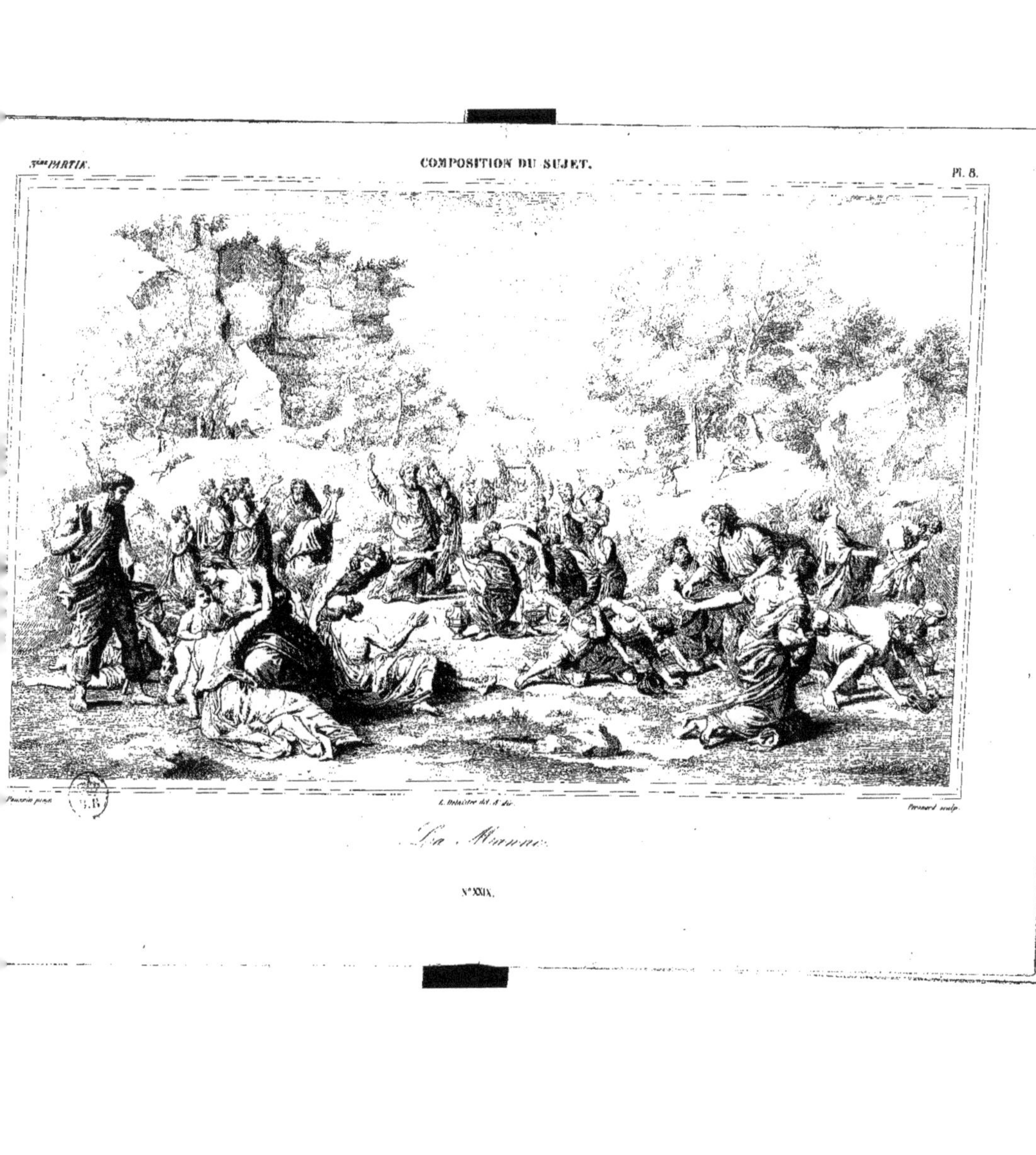

Poussin pinx. L. Delaistre del. & dir. Pessard sculp.

La Manne.

N° XXIX.

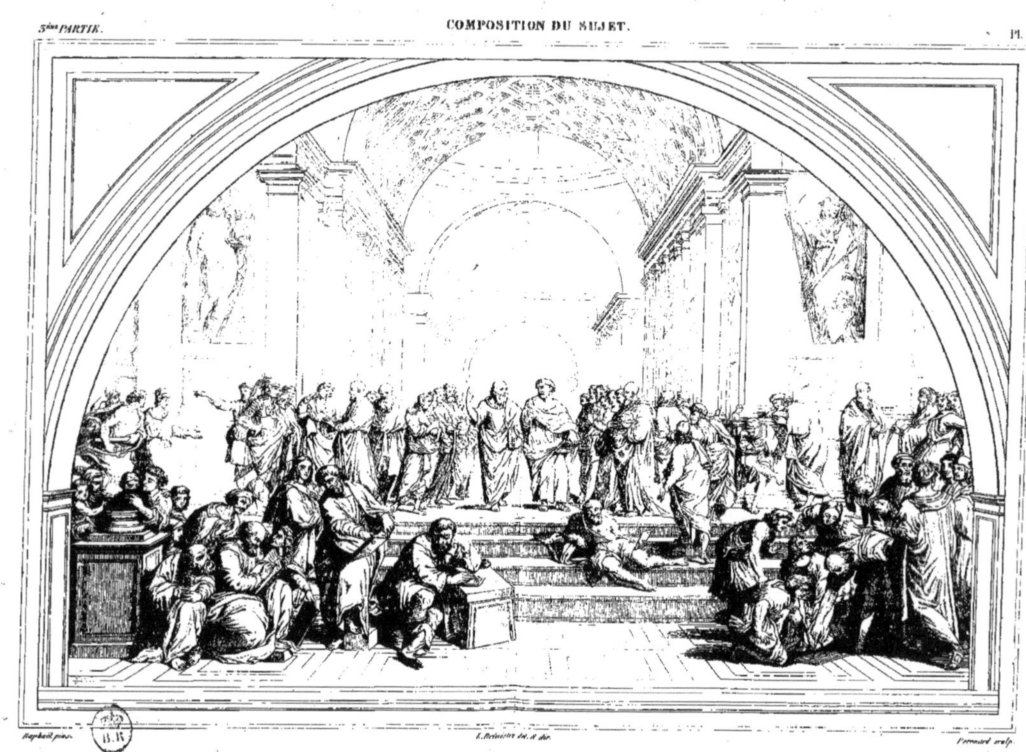

Raphaël pinx. L. Delacroix del. et dir. Pernouard sculp.

B.R

L'École d'Athènes.

N° XXX.

Fig. 1.
Violet.
Indigo.
Bleu.
Vert.
Jaune.
Orangé.
Rouge.
Couleurs primitives.
Fig. 2.
Jaune.
Bleu.
Rouge.
Fig. 3.
Couleur binaire.
Jaune.
Vert.
Orangé.
Bleu.
Rouge.
Violet.
Base de l'échelle chromatique.
Fig. 4.
Violet.
Rouge.
Bleu.
Orangé.
Vert.
Jaune.
Fig. 18.
Fig. 19.
Fig. 16.
Fig. 17.
Fig. 11.
Fig. 12.
Fig. 13.
Fig. 14.
Fig. 22.
Fig. 15.
Fig. 21.
Fig. 20.
Boite à couleurs pour la miniature.
Fig. 5.
Fig. 6.
Fig. 8.
Fig. 9.
Ante.
Fig. 7.
Fig. 10.
L. Brelaisse del. & dir.
Adam & Lemaitre sculp.

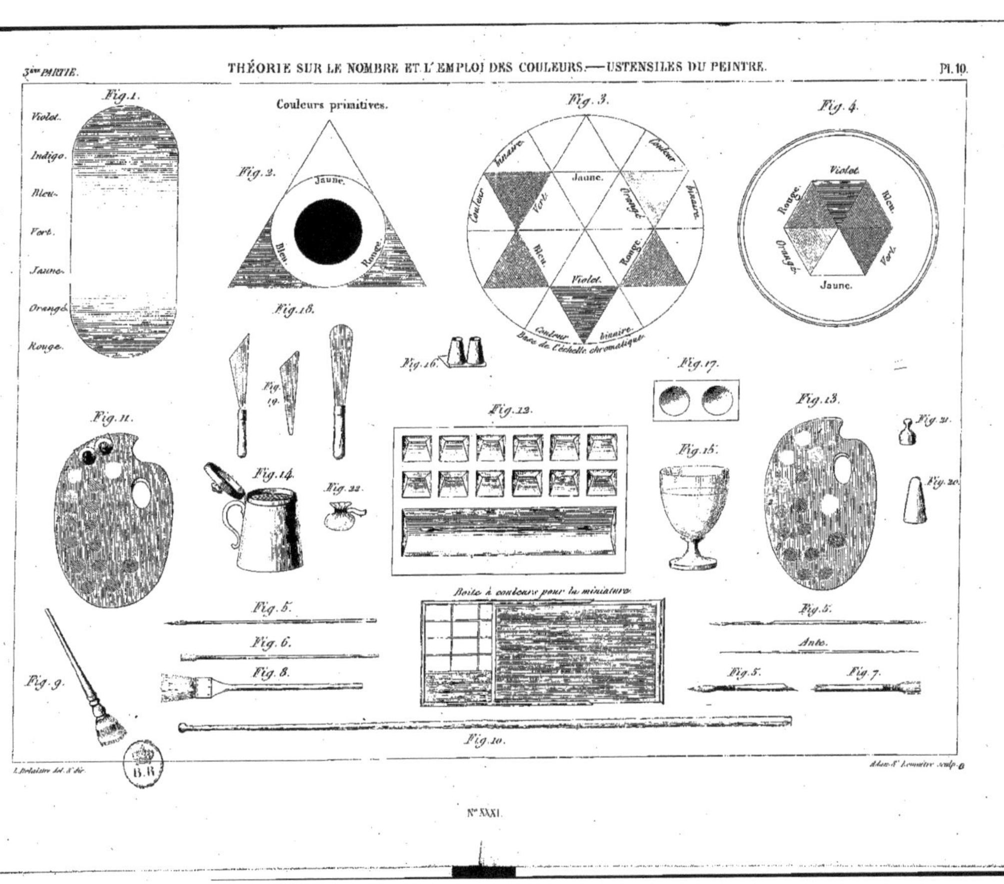

B.R.

N° XXXI.

www.ingramcontent.com/pod-product-compliance
Ingram Content Group UK Ltd.
Pitfield, Milton Keynes, MK11 3LW, UK
UKHW020946220726
13924UKWH00002B/518